BEI GRIN MACHT SICH
WISSEN BEZAHLT

- Wir veröffentlichen Ihre Hausarbeit,
  Bachelor- und Masterarbeit

- Ihr eigenes eBook und Buch -
  weltweit in allen wichtigen Shops

- Verdienen Sie an jedem Verkauf

Jetzt bei www.GRIN.com hochladen
und kostenlos publizieren

Traumpädagogik. Traumatische Erfahrungen bei Kindern und Jugendlichen

GRIN ☺

Bibliografische Information der Deutschen Nationalbibliothek:

Die Deutsche Nationalbibliothek verzeichnet diese Publikation in der Deutschen Nationalbibliografie; detaillierte bibliografische Daten sind im Internet über http://dnb.d-nb.de abrufbar.

ISBN: 9783346874504
Dieses Buch ist auch als E-Book erhältlich.

Druck und Bindung: Books on Demand GmbH, Norderstedt Germany
Gedruckt auf säurefreiem Papier aus verantwortungsvollen Quellen

Das vorliegende Werk wurde sorgfältig erarbeitet. Dennoch übernehmen Autoren und Verlag für die Richtigkeit von Angaben, Hinweisen, Links und Ratschlägen sowie eventuelle Druckfehler keine Haftung.

Das Buch bei GRIN: https://www.grin.com/document/1358524

Internationale Hochschule Duales Studium

Studiengang: Soziale Arbeit

Hausarbeit Traumapädagogik 1. Semester

Was sind Handlungsmöglichkeiten der Pädagogik zur Bewältigung von traumatischen Erfahrungen?

Modul: Pädagogik

Abgabe: 31.03.2023

Inhaltsangabe

1. Einleitung

Traumatisierenden Erfahrungen können einen langfristigen und prägenden Einfluss auf Kinder und Jugendliche haben. Diese traumatischen Erfahrungen sind meist mit starken Emotionen verbunden, welche psychische, sowie körperlichen Auswirkungen zu Folge haben können (Österreichische Ärztezeitung, 2011). Hier beginnt die Traumapädagogik, die sich mit den Möglichkeiten, welche die Pädagogik zu bieten hat, beschäftigt, um traumatisierten bei Kindern und Jugendlichen zu helfen, diese zu bewältigen. Traumapädagogik ist in diesem Sinne, trotzdem keine klassische Therapie, sondern besteht, um Kinder und Jugendliche bei der Bewältigung ihres Alltags zu unterstützen. Zusätzlich versuchen sie den betroffen beizubringen, wieder Selbstbemächtig zu Handeln. (Weiß, Kessler, Gahleitner, 2013, S.95)

In dieser Arbeit sollen die Handlungsmöglichkeiten, welche die Pädagogik zu bieten hat, durchleuchtet werden. Dadurch soll die Frage beantwortet werden, welche Handlungsmöglichkeiten gegeben sind, um Kindern und Jugendlichen eine Möglichkeit zu geben, diese Erlebnisse besser verarbeiten zu können und Sie zu bewältigen. Zu Beginn dieser Arbeit wird erklärt, was ein Trauma ist und wie es entstehen kann. Anschließend wird die seelische Misshandlung, als auch die körperliche Misshandlung erklärt. Im Zuge dessen werden in dieser Arbeit verschiedene Modelle der Traumapädagogik erklärt und beschrieben, was diese verschiedenen Methoden bewirken sollen. Das Ziel dieser Arbeit ist es, über dieses Thema aufzuklären und die wichtigsten Aspekte aufzuzeigen.

Die Folgende Arbeit ist an alle gerichtet, die ihren Wissenstand, in Bezug auf das Thema Traumapädagogik und ihre Bewältigungsstrategien erweitern möchte. Das Ziel dieser Arbeit ist es, einen Beitrag dafür zu leisten, ein besseres Verständnis für die Thematik zu schaffen und die Hintergründe der dramatischen Auswirkungen hinter einem Trauma transparent zu machen.

2. Was ist ein Trauma?

Das Wort „Trauma", wurde aus dem griechischen in das deutsche übersetzt und bedeutet so viel wie Wunde (Kuhn und Bialek, 2016, S. 31). Diese Bezeichnung bezieht sich auf eine tiefere seelische Verletzung, die durch ein einschränkendes oder bedrohendes Erlebnis verursacht wird, welche mit extremem Folgen auf die betroffene Person einwirkt.

Die Word Health Organisation weist darauf hin, dass solche Erlebnisse, bei den meisten Menschen eine tiefergehende Störung hervorrufen würde (Weiß, 2016, S. 19). Weiß (2016, S.19) macht hier auch darauf aufmerksam, dass Menschen in üblichen Situationen automatisch zu verschiedenen Anpassungsstrategien greifen, bei einem traumatischen Erlebnis funktionieren diese Strategien aber meistens nicht und der Mensch erlebt jetzt eine Überforderung. Sie meint, dadurch, dass die Strategie nicht funktionieren, erlebt dieser Mensch ein Trauma. Aus diesem Grund wird ein Trauma als eine tiefe Wunde gesehen, die ein Mensch in solch einer Situation erleidet, da die normalen Bewältigungsstrategien hier nicht eingreifen können.

2.1 Wie entsteht ein Trauma?

Es gibt eine Vielzahl von Ereignissen, die ein Trauma zur Folge haben können. Die meisten diese Ereignisse sorgen dafür, dass das Gefühl von Kontrolle und Sicherheit beeinträchtigt wird.

Häufig treten Traumatisierungen auf, wenn das direkte Leben bedroht ist, man selbst verletz wird oder Zeuge einer Gewalt Tat ist. Hier wird hervorgehoben das eine Traumatisierung besonders dann auftritt, wenn man Zeuge wird, wie jemand eine Verstümmelung erleidet, oder unter außergewöhnlichen Bedingungen getötet wird. Die Person, die diese schrecklichen Taten ausführt, kann dadurch, tatsächlich auch ein Trauma erleiden (Pynoss, Steinberg, Alan, Goenjian, 2000, S. 271). Die Traumatologen (2000, S.271) stellten außerdem fest, das Traumatische Erfahrungen, durch andere Sinne als dem Sehen und Fühlen gemacht werden können.
Ein Trauma kann auch durch akustische und den Geruchsinn betreffende Reize ausgelöst werden. Das Hören von schreien einer Person der geraden Gewalt wieder fährt oder der Geruch nach Verwesung können dazu zählen. Weiterer Auslöser eines Traumas können Freiheitsentzug, Hilflosigkeit, das Gefühl einer permanenten Bedrohung ausgesetzt zu sein, sein.

Es kann besonders traumatisierend sein, wenn man Augenzeuge von schlimmen Gewalttaten wird. Sie gingen außerdem darauf ein, dass es eine besonders hohe Belastung sein kann, wenn man in irgendeiner Form eine Beziehung zum Opfer oder zu dem Täter hat. Körperliche Nötigung und die Verletzung der körperlichen Integrität eines Kindes führen ebenfalls zu einem Trauma. Außerdem spielt das Ausmaß der Brutalität bei der Auswirkung des Traumas auch eine wichtige Rolle. Die Traumatologen (2000, S. 271) betonen außerdem, dass es wichtig ist zu beachten, dass die Unerwartet Heit und die Länge des traumatischen Erlebnisses auch eine entscheidende Rolle spielen, welches Ausmaß das Trauma letztendlich hat. Diese ganzen Faktoren müssen bei der Behandlung eines Traumas berücksichtigt werden.

2.2 Die seelische Misshandlung

Die seelische Misshandlung ist eine Form der Gewalt, die oft schwer zu erkennen ist. Zu den verschiedenen Arten einer seelischen Misshandlung gehören unter anderem Entwürdigung, Zurückweisung, Erniedrigung, Terrorisierung und emotionale Unerreichbarkeit. Durch verschiedene Umstände kann so eine seelische Misshandlung entstehen (Weiß, 2016, S. 25).

Weiß (2016, S.25) geht hier darauf ein, dass Betroffene Kinder, ein sehr großes Misstrauen und extreme Ängste haben und sich selbst zurückziehen und isolieren.
Ein hohes Aggressionspotenzial ist bei Betroffenen Kindern keine Seltenheit, genauso wie eine selbst zerstörerische Verhaltensweise, als auch das Verletzen anderer. Weiß (2016, S. 25) betont, dass solche Verhaltensweisen langfristig bestehen können und die Kinder stark in ihrer Entwicklung einschränken werden. Diese Einschränkungen können noch bis in das Erwachsenenalter hinaus bestehen.

2.3 Die körperliche Misshandlung

Eine weitere Art der Misshandlung ist die körperliche Misshandlung. Dies ist eine Form der Gewalt, die oft ohne jeglichen Grund auftritt. Kindern die körperliche Gewalt widerfahren, erfahren diese oft nicht, weil sie ein Fehlverhalten aufweisen. Kinder, die einfach Kind sind, neugierig sind Fragen stellen und die Welt erkunden wollen, sind genauso gefährdet. Körperliche Gewalt erfahren wie Kinder, die sich in Augen des Täters Falsch verhalten. Die Täter brauchen keinen Grund, um das betroffene Kind zu misshandeln. Wenn sie gerade Lust darauf haben, werden sie immer einen für Sie passenden Grund finden, um dies zu tun (Weiß, 2016, S. 26).

Weiß (2016, S.26) erläutert, dass die körperliche Misshandlung sich außerdem negativ auf die kognitive Entwicklung des betroffenen Kindes auswirken kann. Die Kinder weisen hier teilweise, Defizite in der sprachlichen Entwicklung auf, haben weniger Ausdauer und eine geringere Belastbarkeit als andere Kinder ihres Alters. Sie leiden unter einem hohen Maß an Angst und trauen sich nicht, neue Dinge auszuprobieren, da sie Angst haben, Fehler zu machen und bestraft zu werden. Sie versuchen, ihr Handeln so risikofrei wie möglich zu gestalten, um der Gefahr körperlicher Misshandlung ausgesetzt zu werden zu entgehen.

Weiß (2016, S.26) meint, dass es hier besonders auffällig ist, dass diese Kinder gelernt haben, sich anzupassen. Sie haben gelernt, Problemen und möglichen Gefahren am besten aus dem Weg zu gehen und sich so unsichtbar wie möglich zu machen. Körperlich misshandelte Kinder haben ein hohes Risiko in ihrem Leben Täter von gewalttätigen Handlungen zu werden und ein hohes Risiko Straftaten zu begehen (Enzmann, 2000, S. 48).

Dies wird oftmals dadurch ausgelöst, da diese Kinder jahrelang mit Gewalt konfrontiert wurden und sie es nicht anders gelernt haben. Enzmann (2000, S. 48) meint, dass sich Insgesamt feststellen lässt, dass Kinder, die von körperlichen Misshandlungen betroffen sind, langfristige Auswirkungen aufweisen und psychische Störungen und Verhaltensprobleme begünstigt werden.

Wichtig ist es zu bedenken, dass seelische Misshandlungen oft Hand in Hand mit einer körperlichen Misshandlung gehen kann und es deswegen essenziell wichtig ist, dass solche Kinder die nötige Unterstützung erhalten. Ein Verständnis dafür zu bekommen, was mögliche Anzeichen einer Misshandlung sein können und wie am besten mit den Betroffenen umgegangen werden soll, sind der erste Schritt, um den Betroffenen Kindern zu helfen.

3.Traumapädagogische Konzepte

In diesem Teil meiner Arbeit möchte ich auf verschiedene Konzepte eingehen, die zur Bewältigung eins Traumas entwickelt wurden.

Die Traumapädagogik beschäftigt sich damit, traumatisierten Kindern und Jugendlichen zu helfen belastende Erfahrungen zu verarbeiten und ein selbstbestimmtes Leben zu führen. Um für die betroffenen Kinder und Jugendlichen eine bestmögliche Hilfestellung zu sein wurden verschiedene Konzepte entworfen, die sich je nach Zielgruppe oder Ausmaß des Traumas unterscheiden und angepasst werden. das Ziel ist es eine Beziehung zu der betroffenen Person aufzubauen und ihm bei der Heilung und Überwindung zu helfen.

Ich werde im folgenden verschiedene Herangehensweisen erklären und darauf eingehen, was die genauen Ziele sind und welche Möglichkeiten sich hier für betreffende Kinder erschließen.

3.1Das Konzept des guten Grundes

Das Konzept des guten Grundes ist ein wichtiger Ansatz, um das Verhalten traumatisierter Kinder zu verstehen. Aufgrund von traumatischen Erfahrungen können Kinder oft nicht mehr erklären, warum sie bestimmte Verhaltensweisen an den Tag legen. Die kann für die Angehörigen dieser Kinder sehr herausfordernd sein, da sie oft nicht verstehen, warum das Kind sich so verhält wie es sich eben verhält. Hier ist es wichtig, dass die Verhaltensweisen der Kinder gewürdigt und wertgeschätzt werden. (Weiß, 2016, S. 109).

Durch das Reflektieren der eigenen Verhaltensweisen bekommt das Kind die Möglichkeit sein Verhalten und seine Handlungen zu erklären und auch selbst zu verstehen dabei ist es wichtig das betroffene Kind nicht zu verurteilen, sondern viel Verständnis zu zeigen, um eine Unterstützung für das Kind zu sein und ihm zu helfen seine Verhaltensweisen zu reflektieren ist es hilfreich gezielt Fragen zu stellen. Durch diese Herangehensweise wird das Kind ermutigt zu reflektieren und bekommt eine Hilfestellung seinen eigenen guten Grund zu seinem Verhalten zu finden und zu erklären. Indem man möglichst verständnisvoll gegenüber dem Kind ist und ihm offensichtlich zuhört, kann das Kind ermutigt werden seine Erfahrungen zu teilen und sich zu öffnen. Oftmals stecken hinter dem Verhalten des Kindes Bewältigungsstrategien zur Verarbeitung der Erlebten Ereignisse und diese helfen dem Kind meistens, um mit ihnen umzugehen. Wenn man mit diesem Kind ins Gespräch geht und ihm dabei hilft sein Verhalten zu reflektieren kann es eine Möglichkeit sein, dass dieses Kind sein Verhalten besser wahrnehmen und zuordnen kann (Weiß, 2016, S. 109).

Das Konzept des guten Grundes ist eine wichtige Strategie, um traumatisierten Kindern bewusst zu machen, dass es einen Grund gibt, warum sie sich so verhalten es ist wichtig den Kindern positiv gegenüberzutreten und ihnen klarzumachen, dass es okay ist, wenn sie selbst eine Strategie entwickelt haben, um das Erlebte besser zu verarbeiten

3.2 Die Wertschätzung

Kinder die traumatisierende Erfahrungen machen mussten leiden oft unter einem geringen Selbstwertgefühl, Selbstbewusstsein und erleben ein ausgeprägtes Gefühl von einer Hilflosigkeit sie verlernen oft die Eigenschaft Bedürfnisse und Grenzen zu kommunizieren da ihnen beigebracht wurde das diese Meinung nicht zählt und dass sie als Person nicht wertvoll genug wären damit ihre Bedürfnisse relevant sind. Dies hat häufig die Folge, das betroffene Kinder sich unsicher und unwohl fühlen und Angst haben, dass sich das Erlebte wiederholen könnte. (Lang et al. ,2013, S. 87-88)

Lang geht drauf ein, dass es ein wichtiger Aspekt der Traumabewältigung ist, den Kindern beizubringen, dass sie wertvoll sind und ihre eigenen Bedürfnisse und Wünsche zählen. Es ist wichtig sie zu ermutigen und ihnen häufig positives Feedback zu geben damit das Selbstwertgefühl steigt und sie ihr Selbstbewusstsein wieder zurückbekommen. Wenn man den Kindern Respekt und Wertschätzung vermittelt lernen sie mit der Zeit wieder wie man mit ihnen umgehen soll und kriegen wieder ein Gefühl für ihre eigenen Bedürfnisse.

Lang meint, hier ist es wichtig trotzdem nochmal hervorzuheben, dass Kinder die Traumatisierende Erfahrungen gemacht haben lernen müssen, ihre Emotionen in Bezug auf das Ereignis einzuordnen und bestmöglich regulieren zu können. Durch dieses Auseinandersetzen mit den eigenen Emotionen lernen betroffene Kinder besser ihre eigenen Grenzen kennen und können so besser auf sich selbst achtgeben. Ziel dessen ist es, dass die Kinder lernen, eigene Entscheidungen zu treffen und sich selbst als Individuum zu respektieren.

Ergänzend kann hierzu noch einmal gesagt werden das ist für Kinder mit einem Trauma. Eine große Bedeutung hat ihr Selbstwertgefühl wieder zurückzuerhalten. Diese Kinder kennen das Gefühl, wertgeschätzt zu werden, oft nicht und wurden mit wenig Respekt behandelt. Deshalb ist es umso wichtiger, Ihnen diesen Respekt und Wertschätzung nun entgegenzubringen, damit sie besser mit dem erlebten umgehen können.

3.3Transparenz und Partizipation

„Transparenz und Partizipation sind korrektive der Erfahrungswelt traumatisierter Menschen: Transparenz, weil sie die Überschaubarkeit, die Sicherheit der Mädchen und Jungen erhört; Partizipation korrigiert die Erfahrung der Ohnmacht" (Weiß, 2016, S. 115).

Kinder, die einem Gewalttätigen und Missbrauchendem Umfeld ausgesetzt waren, haben eine starke Form von Kontrollverlust erfahren und kenne das Gefühl, keine eigenen Entscheidungen über ihre Lebensbedingungen treffen zu könne. Sie leben in dem Gefühl das Entscheidungen Fremdbestimmt sind und sie nicht Selbstwirksam handeln dürfen.

Ein wichtiger Part der Bewältigung eines traumatischen Ereignisses, ist das Erlernen wieder selbst an der Gestaltung des eigenen Lebens teilzuhaben. Es hat einen positiven Einfluss auf die seelische Gesundheit und die Motivation des Kindes, wenn sie verschiedene Erfahrungen durch diese Teilhabe machen (Lang et al., 2013, S. 115-118). Lang (2013, S. 115-118) legt dar, dass einerseits ist es das Erleben der Autonomie eine wichtige Rolle spielt, das heißt das Kinder erleben, wie es ist eigene Entscheidungen zu treffen. Das Erleben der eigenen Kompetenz trägt dazu bei, dass das Selbstwertgefühl der Kinder steigt und sie sehen, dass sie etwas mit ihren eigenen Fähigkeiten und Entscheidungen bewirken können. Lang geht darauf ein, dass es ein weiterer wichtiger Aspekt ist, das Gefühl der Zugehörigkeit und Wertschätzung gegenüber anderen Personen zu erfahren.

3.4Spaß und Freude

Das Kinder, die lange, traumatische Erfahrungen ausgesetzt waren, über einen langen Zeitraum wenig Spaß und Freude erleben durften, liegt auf der Hand. Die betroffenen Kinder mussten eine lange Zeit mit negativen Emotionen umgehen und es war wenig Raum dafür da, um wirklich Kind zu sein.

Dadurch, dass diese Kinder eine Reihe an negativen Gefühlen erleben musste und wenig Platz für positive Gefühle da war, erleben Sie eine starke Belastung, in der die so genannte Belastungswaage aus dem Gleichgewicht kommt (Lang et al., 2013, S. 89).

Um das Erlebte bestmöglich bewältigen zu können, ist es wichtig, dass dieses Ungleichgewicht behoben wird. In der Traumapädagogik wird den Kindern wieder beigebracht, Spaß und Freude zu erleben.

Lang geht hier auf dem wichtigen Punkt ein, dass wenn positive Gefühle wieder präsent sind, viele andere Faktoren gestärkt werden können. Betroffene Kinder werden widerstandsfähiger, sehen lernen wieder als etwas positives an und können mit verschiedenen Situationen konstruktiver umgehen. Lang macht hier auch auf den Senotorinausschuss aufmerksam, der durch Lachen freigesetzt wird. Dieser kann helfen besser mit Stress umzugehen.

3.5 Selbstverstehen und Selbstbewusstsein

Kinder, die traumatische Erfahrungen erleben mussten, haben oft ein negatives Selbstbild. Sie kennen es oft nicht, gelobt zu werden oder wertgeschätzt zu werden, und sehen deshalb nicht ihren eigenen Wert. Sie haben das Gefühl, dass etwas falsch an ihn ist und dass es einen Grund haben muss, warum sie das erlebt haben, was sie eben erleben, mussten

Betroffene Kinder haben in der Vergangenheit oft Erfahrungen mit Schuld Umkehrung gemacht und mussten ihre eigenen Bedürfnisse zurückstellen, um die Bedürfnisse der Erwachsenen zu erfüllen. Ihre Bedürfnisse und ihre Wünsche hatten lange Zeit keinen Wert und so haben sie nicht gelernt, was richtig und was falsch ist, und haben zusätzlich Strategien entwickelt, um mit dieser Situation klarzukommen. Diese Strategien können teilweise selbst gefährdet sein oder andere um sich herum gefährden (Weiß, 2016, S. 106).

Weiß sagt hier, dass die Traumapädagogik sich hier das Ziel gesetzt hat, denn Kinder transparent zu machen, warum sie bestimmte Verhaltensweisen an den Tag legen und welche Gründe diese haben. Dadurch zeigt man den Kindern gegenüber Verständnis, und sie werden von Scham und Schuldgefühlen entlastet, was ich positiv auf die Bewältigung des Traumas auswirken kann. Zusätzlich. So kann es Kindern auch leichter fallen, sich auf alternative Bewältigungsstrategien einzulassen.

Alternative Strategien werden gemeinsam mit den Pädagoginnen individuelle an die Bedürfnisse des Kindes angepasst. Die Kinder haben hier die Möglichkeit, zu erklären, wieso sie überhaupt so reagieren. Die Pädagogen versuchen auch den Kindern zu erklären, wieso sie sich so verhalten und was im Gehirn stattfindet. Diese Erklärung wird bestmöglich auf den Entwicklungsstand des Kindes angepasst, damit für das Kind transparent wird, was genau mit ihnen geschieht. (Lang et al., 2013, S. 90).

3.5.1 Die Selbstwahrnehmung des eigenen Körpers und der Sinne

„Selbstwahrnehmung ist die Wahrnehmung der eigenen Person." (Weiß, 2016, S. 110)

Weiß erklärt hier, dass Bedürfnisse, Gefühle als auch Befindlichkeiten von traumatisierten Kindern und Jugendlichen nicht richtig wahrgenommen werden. Sie haben beigebracht bekommen, dass ihre eigenen Gefühle immer hintenangestellt werden müssen und es gilt die Gefühle und Bedürfnisse der Erwachsenen zu bevorzugen. Sie haben gelernt ihre eigenen Gefühle und Bedürfnisse abzuspalten und sich außen vorzunehmen.

Weiß (2016, S. 110) erläutert, um dieses Wahrnehmen der eigenen Bedürfnisse und Gefühle wieder zu erlernen bietet die Traumapädagogik unterschiedliche Methoden. Kinder können beispielsweise in simulierte Konfliktsituation üben, welche Befindlichkeit sie gerade haben und wie sie am besten mit der Situation umgehen möchten. Außerdem haben Kinder die Möglichkeiten, Wut und Stress, der sich angestaut hat, abzubauen. Sie haben die Möglichkeit, diesen durch Bewegung oder Spannung abzubauen. (Lang et al., 2013, S. 91).

Weiß stellt fest, dass die sinnvoll ist, da die Kinder so die Möglichkeit haben, Stress und Wut abzubauen, ohne sich selbst oder andere dabei zu gefährden. Sie betont auch, dass es relevant wäre, den Kindern bewusst zu machen, dass es gut ist, ihre eigenen Emotionen wahrzunehmen und es in Ordnung ist, sich so zu fühlen.

Durch solche Möglichkeiten wird den Kindern bewusst gemacht, dass ihre Gefühle einen Raum brauchen und dass sie auch Anspruch auf einen solchen haben. Sie lernen, dass es wichtig ist, auf seine eigenen Bedürfnisse zu hören und dass sie diese nicht hintenanstellen sollten, so wie sie es immer beigebracht bekommen hatten.

Lang (2013, S. 91) macht außerdem drauf aufmerksam, dass es außerdem auch eine Vielzahl an Angeboten der PädagogInnen gibt, welche die Sinneswahrnehmung stärken sollen. Diese Angebote werden spielerisch gestaltet und hier steht das Riechen, Schmecken, Sehen, Hören als auch das Spüren im Fokus. Lang beschreibt, dass die Kinder lernen Körperempfindungen besser sprachlich auszudrücken und ihnen beigebracht wird zu äußern, wenn sie körperliche Nähe als unangenehm empfinden und dass sie entscheiden dürfen, von wem sie diese zulassen möchten.

Die genannten Strategien können also nicht nur die Selbstwahrnehmung und das Selbstbewusstsein des Kindes stärken, sondern auch weit darüber hinaus essenziell wichtig sein. Sie können in Situationen, in denen das Kind einem Risiko ausgesetzt wird, auch schützen und sind notwendig.

Betroffene Kinder lernen, wahrzunehmen, wo ihre Grenzen sind und ihnen wird bewusst gemacht, dass sie nicht alles zulassen müssen, was eine erwachsene Person von ihnen verlangt.

3.6 Resilienz

Resilienz ist die Fähigkeit, die ein Mensch besitzen kann, trotz hoher und außergewöhnlicher Belastungen eine gesunde Entwicklung zu durchlaufen. Dies ist ein individueller Prozess, bei dem viele Faktoren einen Einfluss haben. (Fröhlich-Gildhoff und Rönnau-Böse, 2022, S. 9)

Fröhlich-Gildhoff und Rönnau-Böse (2022, S.9) meinen, dass der Kontext der traumatisierenden Erfahrung und das Ausmaß dieser eine große Rolle spielen. Resiliente Menschen können im Allgemeinen besser mit Herausforderungen und Stress umgehen und haben zusätzlich eine höhere Widerstandskraft den negativen Erfahrungen gegenüber. Diese Menschen können besser aus schwierigen Situationen lernen Und ihre positive Einstellung beibehalten. Fröhlich-Gildhoff und Rönnau-Böse (2022, S.9) erklären, dass durch diese Prozesse, es ihnen oft einfacher fällt, Krisen zu überwinden als Menschen, die diese Eigenschaft nicht haben. Hierbei ist es wichtig zu betonen, dass die Resilienz keine Eigenschaft ist, mit der ein Mensch geboren wird. Die Resilienz ist eine Eigenschaft, die jeder Mensch im Laufe seines Lebens entwickeln kann. Menschen die resilient handeln legen ihren Fokus nicht auf äußere Hilfestellungen, sondern sie entwickeln Strategien, um besser mit dem Erlebten klarzukommen.

In der Resilienzforschung wird sich auf 3 Hauptbestandteile bezogen. Der erste Bestandteil Der Resilienzforschung beschäftigt sich mit den Fähigkeiten der betroffenen Person, welche trotz des Erlebten eine positive und gesunde Entwicklung durchlaufen haben. Das bedeutet so viel, dass selbst unter schwierigen Umständen eine positive Entwicklung der Betroffenen möglich sein kann. Der zweite Teil bezieht sich darauf, unter einem akuten Stress trotzdem weiterhin kompetent zu sein. Eine höhere Widerstandskraft gegenüber Stress wird oft bei resilienten Personen festgestellt. Sie bleiben trotz schwieriger Umstände leistungsfähig. Der letzte Hauptbestandteil bezieht sich darauf, dass resiliente Menschen sich oftmals das Positive aus ihrer traumatischen Erfahrung ziehen können. Dies haben sie sich angeeignet, um besser mit Rückschlägen umgehen zu können (Wustmann, 2004, S. 16).

Hier ist es trotzdem wichtig zu betonen, dass resiliente Menschen nicht unverwundbar sind, sondern sie einfach gelernt haben, wie sie bestmöglich mit ihrer aktuellen Situation umgehen können, um nicht an Lebensqualität zu verlieren.

4.Der professionelle Umgang mit Traumata

Ein professioneller Umgang mit Traumata und den betroffen Menschen ist einer der wichtigsten Bestandteile in der Traumapädagogik. Da ein Trauma seelische als auch körperliche Verletzungen verursachen kann und man zusätzlich davon ausgehen muss, dass die Lebensqualität stark beeinträchtigt wird, ist es umso wichtiger, dass mit der betroffenen Person richtig umgegangen wird. Um dies noch mal zu verdeutlichen, möchte ich im nächsten Abschnitt dieser Arbeit auf die Grundkompetenzen eingehen, die eine Fachkraft im Bereich Traumapädagogik besitzen muss.

5.Die drei Grundkompetenzen der Traumapädagogik

Es gibt drei Grundkompetenzen in der Traumapädagogik, die für das professionelle Handeln unerlässlich sind.

Die erste Kompetenz ist die Sachkompetenz, diese eignet man sich durch Fachwissen, passend zum Arbeitsfeld an. Bei der Sache Kompetenz ist es wichtig, alles rund um das Thema Trauma zu verstehen, um einen professionellen Umgang mit Betroffenen Kindern zu erlernen.
Um diesen Umgang zu erlernen, benötigt man ein bestimmtes Grundwissen (Weiß, 2016, S.197-198). Unter anderem beinhaltet dieses Grundwissen bestimmte Teile der Psychotraumatologie, in der es sich um verschiedene Forschungsergebnisse und Sichtweisen eines Traumas bei Kindern handelt. Außerdem ist es wichtig etwas über Entwicklungsrisiken und Chancen zu wissen und unterstützende Faktoren zu kennen. Weiß (2016, S.198) betont, ein Basiswissen über sexuelle Gewalt sei essenziell wichtig.
Hier eignet man sich wissen über das Ausmaß, den Folgen als auch verschiedene Strategien an. Zum Grundwissen gehört außerdem die Biographiearbeit, Genogramm Arbeit und die Aufklärungsarbeit. Das Thema Beziehung und Bindung spielt für traumatisierte Kinder und Jugendliche eine große Rolle. Aus diesem Grund ist es wichtig, dass Pädagoginnen Grundwissen aus dieser Thematik besitzen (Weiß, 2016, S.198).

Die Selbstreflexion ist eine der wichtigsten Kompetenzen in der sozialen Arbeit. Sie verhilft das Erlebnis zu verarbeiten, zu verstehen und Muster zu erkennen. Die Selbstreflexion ist notwendig, um sich mit seiner eigenen Grundeinstellung und Haltung auseinanderzusetzen. Hier muss betont werden das Selbstreflexion nicht immer risikofrei und angenehm ist. Sich selbstkritisch mit dem eigenen Handeln und seinem eigenen Befinden auseinanderzusetzen kann anstrengend sein aber fördert das Persönliche Wachstum (Weiß, 2016, S.201-202).

Die dritte Kompetenz wird leider immer noch zu oft vernachlässigt, obwohl diese wichtig ist. Die Selbstfürsorge ist ein essenziell notwendiger Bestandteil der eigenen beruflichen Rolle und sorgt für das eigene Wohlbefinden am Arbeitsplatz. Vor allem in der Traumapädagogik kann es oft zu außergewöhnlichen Situationen und Fällen kommen, die einen emotional belasten können. Um trotzdem professionell handeln zu können ist es wichtig eigene Methoden zu finden und mit solchen Situationen umgehen zu können. (Weiß, 2016, S.202-203)

Im Großen und Ganzen sind diese 3 Kompetenzen ausschlaggebend dafür ob man es schaffen kann ein professionelles Handeln in der Traumapädagogik an den Tag zu legen. Durch die Aneignung dieser Kompetenzen haben Pädagogen die Möglichkeit traumatisierte Kinder und Jugendliche bestmöglich zu unterstützen und dabei trotzdem ihr eigenes Wohlbefinden zu berücksichtigen.

6.Fazit

Insgesamt lässt dich zusammenfassen, dass die Traumpädagogik im Allgemein, ein essenziell wichtiger Bestandteil, im Umgang mit traumatisierten Kindern und Jugendlichen ist.
Durch Herangehensweisen die, an die Bedürfnisse der betroffenen Kinder und Jugendlichen angepasst werden, können betroffene bestmöglich unterstützt werden. Betroffene werden bestmöglich bei ihrer weiteren Entwicklung begleitet und haben die Möglichkeit Strategien zu erlernen, um besser mit dem erlebten umzugehen. Durch einen ressourcenorientierten Umgang könne das Gefühl von Sicherheit und Bindung gestärkt werden. Da traumatisierende Erfahrungen langfristige Auswirkungen haben können, ist es umso wichtiger professionelle Ansätze zur Verarbeitung zu beanspruchen.

Hierbei ist dennoch zu beachten, dass die Zusammenarbeit mit traumatisierten Kindern und Jugendlichen eine große Herausforderung für PädagogInnen darstellt und diese ein hohes Maß an Fachwissen als auch Einfühlsamkeit besitzen müssen. Insgesamt biete die Traumapädagogik eine gute Grundlage, um betroffenen ein stabiles Umfeld zu schaffen in denen sie keine Angst haben müssen. Dies macht es ihnen leichter, Erlebtes zu verarbeiten und Unterstützung anzunehmen.

Abschließend lässt sich hoffen, dass die Traumapädagogik in ihrer Form bestehen bleibt und sich immer mehr etabliert, als das auch immer mehr Menschen sich für die Arbeit in diesem wichtigen Feld entscheiden werden. Denn nur wenn Menschen, die solch schreckliches erleben mussten, die bestmögliche Unterstützung bekommen, machen wir einen Schritt weiter zu einer gesünderen Gesellschaft.

7. Literaturverzeichnis

Enzmann, D. (2000): Gewalt *Erfahrungen im Elternhaus und Gewalttaten. in: evangelische Konferenz für Familien und Lebensberatungen e.V. Gewaltfreie. Erziehung in der Familie. Berlin.* S.48

Fröhlich-Gildhoff, K. & Rönnau-Böse, M. (2022c): *Resilienz.* UTB Verlag. München. S.9

Kuhn, M. & Bialek, J. (2016): Fremd *und kein Zuhause: Traumapädagogische Arbeit mit Flüchtlingskindern (1. Aufl.).* Vandenhoeck and Ruprecht. S.31

Lang, B., Schirmer, C., Lang, T., De Hair, I. A., Wahle, T., Bausum, J., Weiß, W. & Schmid, M. (2013): *Traumapädagogische Standards in der stationären Kinder- und Jugendhilfe: Eine Praxis- und Orientierungshilfe der BAG Traumapädagogik.* Beltz Juventa. S.87.118

Matthies, A. (2018): *Konzeption Traumapädagogik der Praxis für Heilpädagogik und Traumapädagogik.* https://cdn.website-editor.net/ad18e3f59c34426e8b1fb8475e38a53a/files/uploaded/Konzeption_Traumap%25C3%25 A4dagogik_Stand_2018.pdf

Pynoss, Robert; Steinberg, Alan M.; Goenjian, Amren (2000): *Traumatische Belastungen in Kindheit und Jugendalter.* In: Van der Kolk/McFarlane/Weisath (Hrsg.), S. Pynoss, Robert; Steinberg, Alan M.; Goenjian, Amren (2000): Traumatische Belastungen in Kindheit und Jugendalter. In: Van der Kolk/McFarlane/Weisath (Hrsg.), S.271

Weiß, W. (2013): *Philipp sucht sein Ich: zum pädagogischen Umgang mit Traumata in den Erziehungshilfen.* Überarbeitete Auflage. 1. Auflage 2003. Beltz Juventa. S.95

Weiß, W. (2016): *Philipp sucht sein Ich: zum pädagogischen Umgang mit Traumata in den Erziehungshilfen.* Überarbeitete Auflage. 1 Auflage 2003. Beltz Juventa. S.25-203

Weiß, W., Kessler, T. & Gahleitner, S. B. (2016): *Handbuch Traumapädagogik.* Beltz Juventa. S.95

Weiß, W. & Kühn, M. (2022): *Traumapädagogik: Grundlagen, Arbeitsfelder und Methoden für die pädagogische Praxis.* Beltz Juventa. S.40

Wustmann, C. (2004): *Resilienz: Widerstandsfähigkeit von Kindern in Tageseinrichtungen fördern (6. Aufl.).* Cornlesen Verlag. Berlin. S.9

Österreichische Ärztezeitung (2021): *Kindliche Traumatisierung: Ein Leben lang.* Ärztezeitung. https://aerztezeitung.at/2018/oaz-artikel/medizin/kindliche-traumatisierung-ein-leben-

9 783346 874504